Macramee des Lebens

von

Heike Heinz-Wittenberg

Bibliografische Information der Deutschen
Nationalbibliothek:

DieDeutsche Nationalbibliothek verzeichnet diese
Publikation in der

Deutschen Nationalbibliografie; detaillierte bibliografische
Daten sind
im Internet über dnb.dnb.de abrufbar.

Herstellung und Verlag: BoD – Books on Demand,
Norderstedt

ISBN: 9783756857159

Cover: BoD – Books on Demand, Norderstedt

1. Auflage

Inhaltsverzeichnis

Endlich Rentner

Ich bin Rentner! Na, endlich. Nach jahrelangem Buckeln wurde das auch Zeit. Ich kann nicht mehr. Erst kümmere ich mich jetzt mal um mich. Keine Termine. Kein Wecker. Ich habe Zeit, klasse. Ich besuche diesen und jenen, ich fahre in Urlaub, ich hole mir einen Hund aus dem Heim und gehe spazieren.

Ich bin Rentner! Es geht mir gut. Ich habe alle Zimmer neu tapeziert und gestrichen. Alles was zu renovieren war, habe ich gemacht. Der Garten ist umgestaltet, ich habe neue Sitzmöbel gekauft und einen festen Grill gebaut. Es geht mir blendend.

Ich bin Rentner! Vorgestern habe ich mir ein Sudoku-Heft gekauft, und heute bin ich schon durch damit. Nebenan wird gebaut, ich schau mal kurz vorbei, wie es dort so weitergeht. Der tägliche Einkauf ist auch schon erledigt. Meine Frau sagt, ich soll mir ein Hobby zulegen. Ich geh mal in die Bücherei. Mir geht es prima.

Ich bin Rentner! Zweimal in der Woche bin ich in einem Nachbarschaftsverein aktiv. Dort mache ich mich nützlich. Es ruft immer jemand an, den ich irgendwo hinfahren kann, oder dessen Hecke ich schneiden soll. Ich werde noch gebraucht. Das find ich gut.

Ich bin Rentner! Sorry, hab keine Zeit. Im Verein habe ich heute Telefondienst, morgen muss ich bei der Familie nebenan Babysitten und übermorgen fahre ich meine Frau zum Arzt. Nächste Woche bin ich auch schon ausgebucht, aber übernächste Woche können wir uns vielleicht sehen. Ich bin urlaubsreif.

Mitbringsel

Ich reise gern und reise viel

mit nahem und auch weitem Ziel.

Von überall bring ich nach hier

mir mit ein kleines Souvenir.

Und ist es doch mal nicht so klein,

läuft es per Schiff in Hamburg ein.

Im Kaufesrausch in fernen Landen,

kam mir schon manches Geld abhanden.

Doch meine Wohnung ist sensationell,

fremdartig, aufregend – multikulturell.

Asiatische Fabelwesen in jeder Ecke,

Holzmasken baumeln von der Decke.

Der Massai-Speer hat schon manchen erschreckt,

der ihn im Durcheinander entdeckt.

Tut-ench-Amun schaut mit Seelenruh

mir des nachts beim Schlafen zu.

Figuren, Bilder – ohne Ende,

füllen Ecken – zieren Wände.

Und ich, da leb ich mitten drin

in all dem fremdartigen Klimbim.

Doch morgen fahr ich wieder fort,

an einen weit entfernten Ort.

Von dort zurück

darf ich keine Reise mehr buchen,

oder muss eine größere Wohnung mir suchen.

Musik der Welt

Wo man singt da lass dich ruhig nieder, böse Menschen haben keine Lieder.

So sagt man.

In der Tat sollte man meinen, dass Musik den Erdkreis verbindet.

Welches Volk, welche Nation kennt keine Musik?

Es ist der Gesang, der deutlich macht, dass es sehr wohl verbohrte Menschen gibt, in deren Nähe man sich sicherlich nicht mit Ruhe niederlassen kann. Sie benutzen Musik dazu, andere Leute aufzuwiegeln, sich anzufeinden, andere zu demütigen. In den Melodien der Völker alleine schwingt keine Bösartigkeit, die gibt es nur in dummen Texten, die dazu gesungen werden.

Macht Musik glücklich? Ja! Die Musik der Jugend prägt uns für das ganze Leben, und in späteren Jahren hebt sich die Laune bei altbekannten Klängen, die wir in Verbindung bringen mit besonders schönen Momenten.

Folklore trägt man im Herzen. Haben Sie vielleicht schon mal in Griechenland Sirtaki getanzt? Wer kann bei lateinamerikanischen Rhythmen noch stillsitzen? Wer schaut nicht interessiert afrikanischen Stammestänzen zu, fühlt nicht den Zauber, den ein balinesisches Gamelan-Orchester verbreitet? Der spanische Flamenco geht ins Blut, und eine Tänzerin, die sich zu orientalischen Klängen mit Anmut und Geschmeidigkeit bewegt, fasziniert alle und jeden.

Waren Sie schon einmal in einem Opernhaus und haben sich von den Klängen und Stimmen mitreißen und begeistern lassen?

Und dann gibt es noch eine alles verbindende Musik: Egal wo man sich befindet, man wird immer die neuesten Hits der internationalen

Charts vernehmen - aus einem Kofferradio in Mombasa, in einer Rumbude auf Barbados, an einer Poolbar in Thailand, beim Abfeiern in München oder am Strand von Maspalomas. Da wird Sprache nebensächlich.

Es bleibt aber wohl ein unerfüllter Traum von mir, dass alle Menschen auf dieser Erde zeitgleich Michael Jacksons „Earth Song" singen.

Knalltrauma

Gemütlich auf der Couch lungernd, genieße ich gerade ein gekühltes Glas Weißwein und kraule meinen Kater. Um 0.00 Uhr werde ich ihm die Ohren zuhalten müssen, denn der Krach draußen ist jetzt - am frühen Abend - schon nicht mehr auszuhalten.

Zum dritten Mal heute und bestimmt zum hundertundfünfzigsten Mal in meinem Leben lache ich über „Dinner for one" und kann mich doch nicht daran satt sehen. Ja, der Fernseher, mein bester Freund heute Abend. Nicht, dass ich keine Leute kennen würde – nein, nur die feiern alle. Silvester ist aber so gar nicht meins. Es soll ja Leute geben, die schon im August, beim Anblick der ersten Spekulatius und Zimtsterne, in eine Art Winterstarre fallen und daran denken, erstens, bald Weihnachtsgeschenke kaufen zu sollen, und zweitens, den Plan für Weihnachten sowie Silvester fix und fertig in der Schublade zu haben. Im August stehe ich meist erst kurz vor meinem Sommerurlaub. Also wirklich.

Silvester mag ich nicht. Oder besser, ich mag es nicht, wenn mir um Mitternacht irgendwelche Leute um den Hals fallen, die mich bis dato noch nicht einmal gegrüßt haben. Außerdem muss ich mit Sekt anstoßen. Igitt. Nach zwei Schlucken von diesem Gebräu falle ich in eine Art komaartigen Zustand. Darum verbringe ich Silvester alleine. Dann kann ich so schön meinen Gedanken nachhängen, die mir zum Jahresende den Spiegel der Zeit ganz dicht vors Gesicht halten.

Nein, ich bleibe schön Zuhause und schaue mir die lustige Feier im Fernseher an. Zwar wohne ich schon geraume Zeit in der stolzesten Hansestadt nördlich des Äquators, aber an Silvester habe ich doch ab und zu schon mal etwas Heimweh nach meinem ruhigen Mittelgebirge. Die Übertragung aus Köln mit diversen Kölsche Gruppen kommt zwar schon nahe an meine Heimatgefühle ran, aber der Dialekt…

Wieder mal Silvester.

Ich bin doch eben erst von der Arbeit gekommen. Ja, ich bin die, die an Silvester freiwillig die Spätschicht übernimmt. Nicht nur, weil ich Silvester nicht mag, sondern auch, weil ich überflüssigerweise seit frühesten Kindertagen unter einem Knalltrauma leide.

Das ist nicht zum Lachen. Das sind Qualen, sag ich Ihnen.

Angefangen hat es im zarten Alter von etwa fünf Jahren, als meine mich liebende Mutter, mich zu Karneval als Schneewittchen oder Prinzesschen ausstaffierte - oder von beiden etwas, so ein Zwischending -, dann mit meinen Freundinnen ins Auto packte und zum Kinderkarneval kutschierte. Alle waren gut drauf. Ich auch. Vorerst. Doch beim Anblick, sich wild bekriegender Indianer und Cowboys, mit den dazugehörigen „Waffen", stand ich nur in einer Ecke herum, habe geschrien wie am Spieß, und mir die Zeigefinger in jeweils ein Ohr gebohrt. Meine mich liebende Mama fand das überaus theatralisch bis bühnenreif. Es blieb ihr nichts anderes übrig, sie musste mich wieder mit nach Hause nehmen. Nach einigen Wiederholungen war endgültig klar, dass da ja wohl etwas mit mir nicht stimmte. Bis heute übrigens.

Denn auch noch jetzt, im Erwachsenenalter, hasse ich Luftballondekorationen, Rosenmontagszüge, Polterabende und ähnliche Veranstaltungen, bei denen Knallgeräusche zu erwarten sind. Meistens erscheine ich, wenn schon alles gelaufen ist. Aktuelles Beispiel, Silvester: Ich verlasse die Wohnung zwischen dem 29. Dezember und dem 03. Januar nur, wenn ich unbedingt muss, und schon gar nicht, ohne Oropax in den empfindlichen Ohren. Und das schon morgens um acht. Sie halten das für übertrieben, nun Sie haben ja auch kein Knalltrauma.

Ich gebe Ihnen gerne noch eine Kostprobe meines Problems. Ich betrete nie den Schalterraum einer Bank, denn die könnte ja zufällig überfallen werden, wenn ich mich gerade dort befinde, und das wäre mein sicherer Tod. Entweder würde mich der Bankräuber erschießen, weil ich panisch meine Ohren zu schützen versuchen würde, oder aber, bei einem hektischen Bankräuber, der wild in der Gegend rumballert, erlitte ich den plötzlichen Herztod. Merken Sie was? Egal was kommt – tot.

Und da ich noch eine Weile leben will, auch mit meinem Knalltrauma, bleibe ich heute Abend zuhause, genieße das Feuerwerk aus sicherer Entfernung hinter geschlossenen Fenstern, öffne mir noch ein Flasche Wein und stricke meinem Kater und mir Ohrstöpsel.

Nachgedacht
Nachdenken ist in der heutigen Zeit eine Tugend.

Freunde
Die Familie kann man sich nicht aussuchen, Freunde schon.
Es gibt ein wunderbares Lied aus den 70ern: Gute Nacht, Freunde. Ich finde, besser kann man Freundschaft nicht beschreiben. Damals war das Lebensgefühl vielleicht ein anderes als

heute, aber die Botschaft des Liedes ist immer aktuell. Ich beglückwünsche jeden, der von sich sagt, dass er mit diesem Song Menschen oder Erinnerungen in Verbindung bringen kann.

Gute Nacht Freunde
Es wird Zeit für mich zu gehen
Was ich noch zu sagen hätte
Dauert eine Zigarette
Und ein letztes Glas im Stehen

Für den Tag, für die Nacht unter eurem Dach habt Dank
Für den Platz an eurem Tisch, für jedes Glas, das ich trank

Für den Teller, den ihr mir zu den euren stellt
Als sei selbstverständlicher nichts auf der Welt

Gute Nacht Freunde
Es wird Zeit für mich zu gehen
Was ich noch zu sagen hätte

Dauert eine Zigarette
Und ein letztes Glas im Stehen

Habt Dank für die Zeit, die ich mit euch verplaudert hab
Und für eure Geduld, wenn's mehr als eine Meinung gab
Dafür, dass ihr nie fragt, wann ich komm oder geh
Für die stets offene Tür, in der ich jetzt steh

Gute Nacht Freunde
Es wird Zeit für mich zu gehen
Was ich noch zu sagen hätte
Dauert eine Zigarette
Und ein letztes Glas im Stehen

Für die Freiheit, die als steter Gast bei euch wohnt
Habt Dank, dass ihr nie fragt, was es bringt, ob es lohnt
Vielleicht liegt es daran, dass man von draußen meint

Dass in euren Fenstern das Licht wärmer scheint

Gute Nacht Freunde
Es wird Zeit für mich zu gehen
Was ich noch zu sagen hätte
Dauert eine Zigarette
Und ein letztes Glas im Stehen

Gute Nacht Freunde
Es wird Zeit für mich zu gehen
Was ich noch zu sagen hätte
Dauert eine Zigarette
Und ein letztes Glas im Stehen
(Reinhard Mey)

Winterspeck

Die weiße Jeans, ja kanns denn sein,

in die pass ich wohl nicht mehr rein.

Auch der Bikini, der schöne bunte,

lässt nicht nur ahnen viele Pfunde.

Zu eng ist das tolle Sommerkleid,

ich schwätz mich froh, ich bin zu breit!

Und wie das alles kneift und zwickt,

da werd ich ja doch glatt verrückt.

Jedes Jahr dasselbe Spiel -

Fress im Winter gar zu viel.

Unter Schlabber-Look versteckt,

ein Pfündchen mehr, man nicht entdeckt.

Doch bis die Sonne wärmt mit Kraft,

hab ich es wieder mal geschafft.

Mit der Diät mein Ego stieg,

erklär dem fetten Essen – Krieg!

Und jährlich sage ich zu mir,

„Das hier passiert nie wieder dir."

Neulich in der Praxis

Ich, relativ gut gelaunt: „Guten Morgen.
Meyer mein Name, mit E-Ypsilon, ich möchte
zum Doc". Die Arzthelferin schaut mich mit
verschwörerischem Blick an. „Sie dürfen Ihren
Namen nicht mehr so laut sagen – wegen dem
Datenschutz." Ich so: „Kennen Sie das Buch:
Der Dativ ist dem Genitiv sein Tod?" „Bitte?"
Nicht nur ihr Blick sagt mir, sie kennt es nicht.
„Sie sind heute die Nummer Fünf", sagt sie
mir mit verhaltener Stimme. Ich so: „Supi,
Nummer Fünf lebt – noch." Sie schaut, wie ein
Rehlein in finsterster Nacht. Hat wohl keinen
Humor, die Gute. Ich frage sie gleich mal nach

ihrem Namen. Falls was vertauscht werden sollte habe ich zumindest einen Sündenbock zur Hand. „Ich bin dann mal im Wartezimmer", sage es und verlasse das Vorzimmer.

Alle Gerüche Asiens wabern im voll bis knallvoll besetzten Warteraum. Ein Stühlchen ist noch frei. Ich weiß auch, warum. Mitleidige Blicke treffen mich. Ich nehme neben dem wahnsinnig fetten Mann mit Schweißdrüsenproblem Platz, und hoffe, er hat nix Ansteckendes. Mein Immunsystem sagt mir – kein Problem, das schaffen wir.

Ich gehe davon aus, dass es heute länger dauert. Es liegen ja genügend hochintellektuelle Schriften aus. Ich greife mir gleich das anspruchvollste: Das silberne Blatt.

Schon tief versunken in das Drama um Helene F. und ihren Zirkusartisten, plärrt der Lautsprecher etwas, das ich nicht verstehe. So eine undeutliche Aussprache bin ich nicht mehr gewohnt. Meine Alexa zuhause spricht klar und deutlich mit mir, wenn auch manchmal impertinent nervend. Immerhin - eine junge Frau steht auf, verabschiedet sich und verlässt den Raum. Okay, ich lese weiter. Ich bin vor Spannung schon ganz benommen und schrecke erst auf, als das Ding sich wieder meldet. Auch jetzt verstehe ich rein gar nichts, und beschließe, gleich noch eine Überweisung zum Ohrenarzt mitzunehmen.

Der triefende Mann neben mir schält sich aus dem Sessel und trottet Richtung Arztzimmer. Ich bedanke mich kurz nochmal bei meinem Immunsystem für die hoffentlich gute Arbeit.

Mittlerweile lese ich ganz fasziniert, dass King Charles sich mit seinem Blumenkohl unterhält und diesen auch mit Naturfarbe auf Leinwand bannt. Wahnsinn. Bin total weggetreten. Der Lautsprecher gibt Geräusche von sich. Mir egal. King Charles hat mich total gefesselt. Erneut lässt sich die Störquelle vernehmen. So langsam nervt es. Ich kann noch nicht dran sein, bin schließlich nur die Nummer Fünf und lebe noch immer.

Die Tür wird unsanft aufgerissen. Die Helferin steht da in voller Schönheit, rollt mit den Augen und skandiert nicht gerade leise: „Frau Meeeyyyeer, kommen Sie!", dass „Bitte" spart sie sich.

Alle Augen ruhen auf mir.

Während ich aufstehe und mit Bedauern King Charles wieder ins Regal verfrachte, sage ich sehr kontrolliert, aber durchaus wenig leise: „Das mit dem Datenschutz üben wir aber noch mal, gelle, Frau Behrend."

Macht

Sage mir, wer hat die Macht!

Es ist „der Dritte" der da lacht.

In diesem Land und anderswo –

und in den Köpfen sowieso.

In Politik und Industrie

wird gemauschelt, wie noch nie.

Über Leichen muss man gehn -

will man heute noch bestehn.

Die Wahrheit kann man ruhig verschweigen,

vor den Leuten Posen zeigen.

Posten winkt - Geld nicht stinkt –

Widersacher ausgeklinkt.

Medienspektakel - Hände drücken

Schmales Lachen - breiter Rücken

Und sind die Phrasen noch so hohl –

Keine Panik –

Sie quälen sich für Volkes Wohl.

Prosit!

Nachgedacht

Wenn Frauen sich trennen, essen sie endlich
wieder.

Sperrmüll

Monn es Sperrmüll, et wur och Zeit,

vill muss wigg, nur weng noch bleibt.

Wott hunn äisch nitt alles off emm Speycher
vergrowe,

Gardinestange unn Bobbewaache.

E Sofa aus demm de Ferän gucke,

enn anzel Schrankdir, vergammelde Bobbe.

Enn Stehlamp fu fier zwanzisch Johr,

wie ebbsch doch minn Geschmack mol wor!

Die ahl Spüle do im Eck,

„Pack mol uh, die kann och wigg".

Unn omends im Hof, do bau äisch alles off,

e rostisch Fohrrod fleyt och noch do droff.

Bei den Nachborn seyt dott nitt annerschd aus,

jeder hott geraumt sei Haus.

Doch noschs wänn äisch wach, fir lauder
Audogebromm,

willfremme Leu weule im Müll mett
Krawumm.

Unn als äisch kurz späder off nem Trödelmaat
sei,

reib mir de Aache, glab nitt wot äisch sey.

Do stiht mai Spüle unn kost enn ganz schiene Betraach -

un versaut mir domett e kla bisje den Daach.

Irgendwo in einer Großstadt

Die Menschen, die mir entgegenkommen – wie leben sie, wie lieben sie, oder leben und lieben sie überhaupt?

Was geschieht hinter den Fassaden der riesigen Häuser, hinter den beleuchteten Fenstern, hinter den dunklen Fenstern, hinter den dekorierten Fenstern und hinter den heruntergelassenen Rollos? Wird dort gelacht, geredet, geliebt – oder geschlagen…?

Besenparade

Haben Sie es auch schon hinter sich? Den großen Frühlings-Hausputz meine ich. Also das gleiche, was Sie vor einem halben Jahr schon einmal gemacht haben, allerdings hieß es damals Herbstputz. Wie – noch nicht? Dann wirds aber allerhöchste Zeit. Die Nachbarn machen sich sicherlich schon Gedanken, weil Sie noch nicht wischenderweise am Fenster gesichtet wurden, oder wenigstens das beruhigende Brummen des Staubsaugers mindestens zwei ganze Tage nach draußen hallte. Nicht, dass es, wie bei einer Bekannten geschehen, heißt, man habe schon vierzehn Tage keinen Staubsauger gehört, bestimmt kämen bald Mäuse.

Also ich mache den Spuk nicht mit. Ich putze so schon ständig und konnte noch nie kapieren, wieso das Großreinemachen ausgerechnet im Frühjahr oder im Herbst stattfinden soll. Es gibt doch auch schöne andere Jahreszeiten.

So sitze ich gerade gemütlich mit einer Tasse Kaffee und dem neuesten Modemagazin auf der Couch, als mich mein Telefon nervt. Ach herrje. Erst will ich gar nicht rangehen, es ist sicher wieder irgendein Versandhaus, das nachfragt, ob ich im neuen Katalog immer noch nichts gefunden habe. Wenn man „Nein" sagt, bekommt man einen Gutschein von 10 Euro. Also, ich geh ran. Es ist Bea, eine Bekannte. „Sorry, entschuldige die Störung, aber womit machst Du denn die Wasserflecken in der Dusche weg? Eher mit Essig oder doch mit Zitrone?" „Äh", ich bin sprachlos und höre mich auch so an. Schon redet sie weiter: „Und der Küchenschrank? Ich lege da ja immer so Zeitungen aus, das ist super praktisch, weißt Du. Da braucht man gar nicht mehr viel zu putzen." Ja. Ich weiß es. Nachdem wir dann die verschiedenen Putzmittel analysiert haben und die besten Tipps zum Auswaschen verschiedener Schränke ausgetauscht haben, wende ich mich wieder meinem, jetzt kalten, Kaffee und dem Magazin zu. Natürlich haben wir uns beide wieder darüber aufgeregt, dass der Staub fingerdick im Kleiderschrank liegt, wo wir diesem doch so hochprofessionell zu Leibe rücken, zweimal im Jahr.

Oh, Mann, Frühjahrsputz und Herbstputz. Ich hasse es. Und außerdem verstehe ich es nicht.

Denn ich werde zum Putzteufel, wenn ich sehe, dass es nötig ist. Dabei ist mir eigentlich völlig egal, ob wir uns gerade „kurz vor Ostern" oder „kurz vor Weihnachten" befinden. Denn dieses Theater veranstalten wir doch nur wegen der Nachbarn, Verwandten, Freunden und so, eben, weil es alle machen, und man nicht als Dreckschwein dastehen will.

Wir putzen wie wir leben, für die Gesellschaft - ohne Für und Wider.

Und was nützt mich meine saubere Wohnung, wenn sich Besuch ansagt? Gut, dann bin ich besonders sorgfältig darauf bedacht, dass die Bude im General-Glanz erstrahlt. Ganz besonders, wenn Mutter kommt. Ihr wisst schon, oder? Da wird gern mal mit dem Finger über den Bilderrahmen gestrichen, der gefühlt drei Zentimeter unterhalb der Zimmerdecke angebracht ist. Am schlimmsten ist der Blick: Von mir hast Du das nicht, Kind.

Und nach einem solchen Besuchstag ist doch auch sowieso immer Grundreinigung angesagt. Also, bei mir. Letztes Mal hat mein lieber Vetter Karl seine Kippen auf meinen Fliesen ausgetreten, der Rotwein von Tante Lisbet ergoss sich auf den Teppichboden, und Klein-Jonas hinterließ schokoladige Fingerabdrücke auf sämtlichen Türen im ganzen Haus - und nicht nur da.

Deshalb, schreie ich in die Welt hinaus, lasst mich in Ruh mit Frühjahr- und Herbstputz.

Was, um Himmels Willen, geht überhaupt andere Leute mein Dreck an? Ich bin doch gewitzt und werde jetzt jede Putz-Konversation vermeiden.

Und noch etwas habe ich mir zur Gewohnheit gemacht und habe Spaß dabei. Im Frühjahr und Herbst winke ich meinen Nachbarn freundlich mit diversen Staublappen und Besen durchs geöffnete Fenster zu - aus reinem Selbstschutz sozusagen.

Übrigens - mir ist aus meinem Besucherkreis kein einziger Staublungenfall bekannt geworden, und es existieren nur ganz vereinzelte Hausstaubmilben, die mittlerweile „Mutti" zu mir sagen. Ganz ehrlich.

Narrenkleid

Der Mensch in seinem bunten Narrenkleid,

freut sich auf die „Fünfte Jahreszeit".

Wer hier nicht fröhlich, der passt nicht hier hin,

auch wenn nach Fröhlichkeit nicht steht der Sinn.

Denn wie sieht es aus unter all dem Klimbim,

öffne die Augen, schau genauer nur hin.

Der Matrose dort drüben, der arme Wicht,

dessen Frau starb - vergessen kann er es nicht.

Er tanzt Arm in Arm mit der Meerjungfrau,

schreit alkoholtrunken fortwährend „Helau!"

Und siehst du die Fee dort im lichten Gewand,

ihr Mann ist im letzten Jahr durchgebrannt.

Die Wunde heilt nie, der Schmerz sitzt so tief,

bestellt schon den x-ten Aperitif.

Sackt kurze Zeit später vom Barhocker dann,

zu Hilfe eilt - der Räuberhauptmann.

Er bringt die Fee nicht nur nach Haus,

mit seiner Frau ist es eh aus.

Am Aschermittwoch sieht man dann klar,

kein Ende in Sicht – alles ist, wie es war.

Jugendliebe

Denkst Du manchmal auch an mich?

Wie ich an Dich?

Ich seh uns noch immer tanzen…

Du mit mir.

Ich mit Dir.

Treu im Herzen einen Platz - hast

Du bei mir!

Ich auch bei Dir?

Denk bitte manchmal auch an mich!

Wie ich an Dich!

Nachgedacht

Frauen sind die Feuerwehr der Gesellschaft.

Zwillingsseelen

In zahlreichen Gesprächen mit Singles aller Altersstufen habe ich mich vergewissern können, dass doch viele nicht freiwillig alleine sind.

Das tiefe Verlangen nach Liebe, Zuneigung, Geborgenheit, ist ein natürliches Phänomen und es ist das, wonach manch einer sucht.

Selbst nach einer gescheiterten Ehe oder nach dem Tod des geliebten Partners erwachen diese Sehnsüchte früher oder später wieder neu, die Angst vor dem Alleinsein wird übermächtig.

Natürlich wünschen wir uns jenen Traummann oder jene Traumfrau, mit dem oder der wir eine Partnerschaft in vollkommener Harmonie erleben dürfen.

Dazu kommt, dass man, je älter man wird, um so wählerischer ist und sich auch nebenbei schon mal von solch unwichtigen Dingen wie Aussehen, Wohlstand und gesellschaftlichem Ansehen blenden lässt.

Dabei sollte man auf seine einzig wahre „Zwillingsseele" warten!

Das Wort Zwilling lässt unschwer erkennen, dass bei dem anderen alles genauso ist, wie bei einem selber.

In einem Buch von Linda Goodman las ich vor Jahren, dass jeder Mensch in dieser großen weiten Welt, seiner, für ihn bestimmten Zwillingsseele, unweigerlich begegnen wird, dass unsere Wege sich irgendwann kreuzen müssen.

Dies sei, ich zitiere, „auf höherer Stufe des Bewusstseins vorbestimmt, so ähnlich wie der Wandertrieb der Vögel oder die Wiederkehr von Kometen".

Seitdem warte ich - auf den Urknall.

Ich warte darauf, dass mir ein unbekannter Mann gegenübertritt, von dem ich meine, ihn seit Ewigkeiten zu kennen, dessen Stimme mir vertraut ist, dessen Gedanken ich lesen kann, durch dessen Augen ich mitten in sein Herz sehen kann. Jemand, der auf Anhieb dasselbe für mich empfindet.

Tja, die Wiederkehr der Kometen – schnell da, schnell weg.

Mir sind im Laufe der Jahre einige Zwillingsseelen begegnet, kometenmäßige.Täuschend echte Kopien meines mir zugedachten einzig wahren Exemplars, doch jeweils rechtzeitig enttarnt, da immer wieder ein klitzekleiner unharmonischer Aspekt den Einklang unserer Sphären störte.

Und während ich so weiter warte, fällt mir folgender Spruch ein:

Schon so mancher der glaubte, mit Amors Pfeilen Bekanntschaft gemacht zu haben, der wurde lediglich von einem Hexenschuss getroffen.

Vorhergesagt

Was mir so passiert am Tag,

ich im Horoskop nachschlag.

Schwarz auf weiß steht da geschrieben,

heute werd ich mich verlieben.

Ein Glück, dass ich noch solo bin,

sonst wär des Gatten Laune hin.

Es soll aus der Ferne am Telefon,

konsultieren mich eine Person.

Jemand den ich lange nicht sah,

ich freu mich drauf, wie wunderbar.

Nur meinen Kopf, den soll ich schonen,

denn es drohen Infektionen.

Das find ich allerdings sonderbar –

der Virus ist nur heute da?

Und Zweifel keimen auf beim Satz:

Für Luxus lassen die Finanzen Platz.

Der Abend zeigt, es sollte nicht sein –

mein Traummann ist, wie ich, noch allein.

Er traf mich nicht, hat mein Horoskop nicht gelesen,

sonst wäre der Trottel zur Stelle gewesen.

Ein Rendezvous am Telefon blieb mir versagt

– wie hatte ich nur zu hoffen gewagt?

Dafür kratzt es im Hals, meine Stirne ist heiß –

ich gönn mir den Luxus und kaufe ein Eis.

Albtraum

Meine Seele schreit, mein Körper schreit!!!!!

Zu überqualifiziert sagen sie –

und meinen zu alt.

Ich mach mal den Fernseher an.

Ich sehe Kreaturen wie mich in einer
Talkshow.

Warum kehren diese Leute ihr Innerstes nach
außen?

Wegen der paar Euro?

Mann, hab ichs gut!

Ich mach mal ne Tüte Chips auf.

Wer kann das schon - morgens gemütlich auf dem Sofa rumlungern?

Oh, Chips schon alle. Keine mehr da. Keine Lust zum Einkaufen –

dann muss ich ja mein Outfit wechseln.

Zigaretten habe ich noch genug: Kaufe ich jetzt stangenweise.

Eigentlich könnte ich jetzt mal ein Schlückchen kühles Bier trinken.

Hab einfach so Lust drauf.

Eines ist keines! Auf einem Bein steht man schlecht.

TELEFON KLINGELT. Wo ist das verdammte Ding?

Melde mich - und kriege die Zunge kaum noch rund.

FIRMA AM ANDEREN ENDE …

Hat sich aber erledigt.

Rrrrrriiiiiiiinnnnnnggggggg!!!!!

Ich mach die Augen auf. Der Wecker. Gottseidank – ich muss zur Arbeit.

So schlecht habe ich schon lange nicht mehr geträumt.

Nachgedacht

Man könnte meinen, Ahnungslosigkeit und Vergesslichkeit sind die neuen Tugenden der Berufspolitiker.

Coffee to go   - udder off Platt, "Kaffee zum Mettnomme"

Coffee to go – dott es itz Moore

Coffee to go – dott es itz fai

Dobei ess dott Zeusch im Bescher

doch ä fürschterlisch Gebräu.

Üweral sejt mer se laafe

mett emm Bescher ih dä Hand –

Coffee to go girret ze kaafe

ih jedem Dorf, uh jedem Stand.

Ich der lenk Hand de Becher,

reschs dett Handy um Uhr,

hau es mer zaggisch

un giht su off Dur.

Ach, wott wonn dott noch fier Zäjde

als mer sich im Cafe troff,

mettenanner geschwetzt, gelacht

un geratscht üwwert halwe Dorf.

Hau sitzt mer nur noch um Compjuder,

rannt bejm Äse, trenkt im Stih.

Su schie wie mir dott mol harre

Wärret - glaw isch - nemmer mie.

Echt schlimm (Fortsetzung von Coffee to go)

Überall sieht man sie laufen

mit dem Becher in der Hand.

„Coffee to go" gibt es zu kaufen

in Stadt und Dorf an jedem Stand.

Das ist schon schlimm,

doch gehts noch schlimmer –

seit es gibt

auch diese Dinger -

Überall sieht man sie sitzen

mit dem Smartphone in der Hand.

Dieses Ding gibt es zu kaufen

in der Stadt und auf dem Land.

Ach, was waren das für Zeiten

als man sich im Cafe` traf.

Hat diskutiert, geschwatzt, gelacht

und geratscht übers halbe Dorf.

Doch nun beginnt ein reger Plausch,

schon bimmelt dieses Dingens.

Sie greift danach und guckt und wischt –

mein leises Fortgehn merkt sie nicht.

Minn Babba

Ih usem Gorde stieht enn Kirschbaam,

denn hott minn Babba mol gesatzt.

Enn ronderemm im groine Gorde

hott he so manche Stonn gewatzt.

Unn trou de Baam im Froijohr Bloide,

im Sommer da die Frischt su ruh,

da peff minn Babba bei der Orwet

unn wor vu ganzem Herze fruh.

Wenn da die Blaarer langsam fiele,

dott fonn minn Babba gor nitt schie.

Wendbeulerei unn dicker Newel,

unn hennedroff enn Masse Schnie.

Da soch mer minn Babba im Worme

henner der Terrassedier stieh,

fier naut of der Welt wollt minn Babba

bei der Keel irgendwu hinne gieh.

Unn goff ett baal droff werer Bloide,

unn im Sommer die Frischt su ruh,

da pfeff minn Babba bei der Orwet

unn wor vu ganzem Herze fruh.

Gedanken zum Geburtstag

Des morgens schau ich in den Spiegel, oh Graus,

bin um Jahre gealtert, es sieht wenigstens so aus.

Die Querfalte hier, ist es Einbildung oder wahr,

die war gestern mit Sicherheit nicht da.

Und als Krönung bleibt hängen ein „Graues" im Kamm,

gut zu wissen, es trifft jeden dieses Jahr, irgendwann.

Den ganzen Tag geherzt und gedrückt,

mit Geschenken und Blumen beglückt.

Das Telefon schrillt ständig, ein paar Briefe kommen auch,

ein warmes Gefühl macht sich breit in meinem Bauch.

Was haben wir nicht alles zusammen schon ertragen, viel gelacht und mal geweint, an traurigen Tagen.

„Happy Birthday, Mädel, Mensch siehst du gut aus!

Der Tag ist zu Ende, die Feier ist aus.

Recht haben Sie, ich gehör nicht zu den Alten,

mein Herz ist strahlend jung, nur die Hülle zeigt Falten.

Mein liebstes Möbelstück

Mein liebstes Möbelstück ist der Küchentisch.

Im Laufe eines Tages besteht jeder auf seinen Platz. Papa auf der Stirnseite, Mutter Richtung Küchenherd, die Tochter Richtung Tür, der Sohn auf der Eckbank. Und wehe, ein Gast hat einen der Plätze eingenommen….

Du kriegst alles mit. Wenn du erzählen könntest …

Was hat man dir nicht schon alles aufgetischt?

Essen, Trinken, Post, Zeitungen, Teller, Töpfe, Briefe, Rechnungen, Eingekauftes, Einzupackendes, Wegzuwerfendes, Bügelwäsche, Kuchen, Kaffee, Knöllchen, Geschenke, Blumen, Decken, Tischsets, Kerzen, Deko, die 5 in Mathe, die 1 in Bio.

Und alle, alle wollen immer um dich herumsitzen und stehen. Familie, Freunde, Nachbarn, Bekannte, Arbeitskollegen.

Vor einer Feier spielst du die Hauptrolle - am Ende ebenso. Müde von der ganzen Feierei liegen sie halb auf dir, stützen sich gegen die Schwerkraft aus Müdigkeit und Alkohol - sich nicht trennen könnend von dem schönen Abend. Vielleicht noch ein letztes Glas, vielleicht noch eine letzte Zigarette.

Vielleicht noch ein paar Käsewürfel. Gute Nacht, Freunde, es wird Zeit für mich zu gehn.

An dir wird gewartet, gespielt, geweint, gehofft, sich gefreut, gelacht, gestritten. So manchen Schlag bekommst Du ab, wütend, freudig, feixend, lachsalvenartig.

Du bist der Mittelpunkt, der alle zusammenhält.

Ja, wenn du erzählen könntest …

Unterm Apfelbaum

Ich sehn mich hin zum Westerwald in meines Vaters Garten.

Und wenn der Wind auch noch so kalt - ich kann es kaum erwarten.

Unterm Apfelbaum ist festlich der Gartentisch gedeckt.

Auch wenn ich lange fort gewesen, weiß
Mutter was mir schmeckt.

In dieser großen, grauen Stadt, in die ich
dereinst zog,

wächst kein einzger Apfelbaum - nur
Glitzerwelt betrog.

Ich sehn mich hin zum Westerwald, an der
Nister Strand.

Und wenn der Wind auch noch so kalt - mein
liebes

Heimatland.

Septembernacht

Einmal hast du mich gesehn,

mein blonder Mosel-Kapitän.

Hast meine blauen Augen erblickt,

die dich ganz und gar entzückt.

Ansonsten bin ich ziemlich eisig,

doch du im „Baggern" ziemlich fleißig.

Wie fang ichs wohl am Besten an?

Fragt sich wohl der blonde Mann.

Ist Sie allein oder trügt der Schein?

Auf jeden Fall lad ich sie ein.

Mit Charme und Witz trifft er mein Herz,

das recht vernarbt von Liebesschmerz.

Und ich denk mir, es kann nicht sein!

Auch du kommst in mein Herz nicht rein.

Es ist September, eine Nacht wie im Traum.

Bin ich verliebt? Ich glaube es kaum.

Du sollst nichts merken, bin weiter eiskalt,

doch schon am Tauen – hast du mich bald?

Mein blonder Mosel-Kapitän,

schön, dass du mich hast gesehn.

Nachgedacht

Alle bekannten Hochkulturen wurden
ausgelöscht. Warum sollte die deutsche
Historie eine andere sein?

Leise rieselt itz dä Schnii

Leise rieselt itz dä Schnii –

de Vielscher fenne och naut mi.

Rosine, Niss unn Mandelkern,

hunn se doch zum Fräse gern.

Dompfaff, Amsel unn vill Meise

zej ih userm Gorde Kreise.

Der Buntspecht gor und och der Kleiber,

peife fruh unn fülle ihr Leiber

mett Leckereie waasch unn hort,

Keim und Saat vu jeder Sort.

Zou denn und user aller Wonne,

konn die emmer werrer komme.

Das Scrooge-Phänomen

War ein Mensch das ganze Jahr bös,

wird zur Adventzeit der nervös.

Sein Umfeld hat es mit dem Magen,

weil er als Mensch nicht zu ertragen.

Lüge, Missgunst und auch Neid

hat er um sich herum verstreut.

Die stille Zeit, nun ist sie da,

er weiß, dass er sehr garstig war.

Zum Fest der Liebe rennt er nun,

will andern etwas Gutes tun.

Kauft Geschenke, groß und klein,

kann besonders nett nun sein.

Und er spendet jetzt sogar –

für Kirche und Diaspora.

Doch ist das alles nicht von Dauer,

denn legt man sich mal auf die Lauer,

spätestens im Januar –

ist er wieder wie er war.

Warten aufs Christkind

`s Christkind backt Plätzchen! Das pflegte meine Mutter zu sagen, wenn der Abendhimmel im späten Herbst von der untergehenden, rotglühenden Sonne beschienen wurde und die Schleierwölkchen dort oben dunkellila gen Westen stoben.

Und an jedem Buß- und Bettag war sie dann schließlich selbst die Weihnachtsbäckerin, aus deren Küche der Duft der leckeren Butterplätzchen in jeden Raum unseres Hauses waberte und einem das Wasser im Munde zusammenlaufen ließ. Selbstverständlich war der Genuss der erwähnten Leckereien vorerst strengstens verboten – doch wir alle wussten, wo die Blechdosen mit dem weihnachtlichen Gebäck aufbewahrt wurden. Wie kleine Mäuschen stibitzten wir hin und wieder einige der köstlichen, goldbraunen Kekse.

Mutter tat so, als merke sie es nicht.
Jedermann wird bestätigen, dass die Plätzchen vor den Feiertagen viel besser schmecken als danach. So kam es, dass an den Feiertagen kaum noch Selbstgebackenes auf dem Weihnachtsteller lag.

An dem Tag, an dem man das erste Türchen seines Adventkalenders öffnen durfte, begann diese heimelige, glückselig machende Vorfreude. Die erste Adventkerze wurde entzündet, davor war das Haus bereits weihnachtlich mit Tannenzweigen und Dekoration in den Adventfarben Rot und Grün geschmückt worden. Die Krippe stand schon an ihrem Platz, doch es schauten bisher nur die Esel und Ochsen heraus. Die Zeit von Maria, Josef und dem Jesuskind war noch nicht gekommen. In jedem Jahr am 4. Dezember ging Mutter in den Garten und schnitt von unserem Forsythien-Busch einige Zweige ab. Heute ist Barbaratag, sagte sie. Ich werde die Zweige in eine Vase stellen und mit etwas Glück blühen sie genau zu Weihnachten.

Es folgte der Nikolausabend, an dem wir
Kinder dicht zusammengedrängt auf die
Ankunft des Nikolaus, mit seinem
furchteinflößenden Knecht Ruprecht warteten.
Dieser Geselle war uns wahrlich nicht geheuer
und wir hatten zur Besänftigung Zucker und
Heu im Hof ausgelegt, damit die Rentiere und
Esel sich für die lange Erdenreise stärken
konnten.

Meistens war die Angst unbegründet. Zwar
drohte der rotgewandete Mann mit erhobenem
Zeigefinger und bezichtigte uns einiger übler
Taten, aber so schlimm konnte es dann auch
wieder nicht gewesen sein, denn am Ende gab
es doch für alle ein kleines Geschenk und
einen großen Süßigkeiten-Teller mit einem
schokoladigen Nikolaus in der Mitte. Unser
Wunschzettel war ja schon lange beim
Christkind im Himmel, doch meistens hatte
auch der Nikolaus schon einen Blick darauf
geworfen.

An jedem 3. Advent machten wir uns auf den Weg, um unseren schönsten Weihnachtsbaum aller Zeiten zu suchen. Und in jedem Jahr war dieser immer noch ein wenig hübscher, als der vom Jahr davor.

Der Heiligabend schließlich, war der Höhepunkt der Warterei für uns Kinder. Der Tag zog sich wie Gummi. Im Fernseher lief die Sendung "Wir warten aufs Christkind", was wir voller Vorfreude und Erwartung ansahen. Nachmittags wurde die mitMajoran, Salz und Pfeffer eingeriebene Gans in den Ofen geschoben, und wir machten uns für die Christmette fertig. Papa blieb zuhause, denn die Gans brauchte liebevolle Zuwendung und musste gegossen werden, damit sie schön braun und knusprig wurde.

Es waren ganz besondere Momente, wenn wir in der abgedunkelten Kirche saßen.

Das Lied "Stille Nacht, heilige Nacht" wurde angestimmt. In einer Prozession kamen Pfarrer und Messdiener, mit warm leuchtenden Kerzen in den Händen, durch den dunklen Gang und erhellten spärlich das Gotteshaus, bis schließlich die zwei riesigen Bäume rechts und links des Altares erstrahlten und um die Wette glitzerten. Der Kirchenchor sang so schön, und jedermann hörte andächtig zu.

Nach dem Segen entließ uns der Pfarrer mit dem Lied "Oh du fröhliche" in die schwarze Winternacht.

Besonders schön war es, wenn leise Schneeflocken zu Boden fielen und uns alle auf dem Nachhauseweg in kleine Schneemänner verwandelte. Feierliche Musik und festliches Licht empfing uns schon an der Haustür. Die Gans duftete köstlich und am Baum brannten unzählige flackernde Kerzen – ja - endlich war Weihnachten.

Kressnoscht

Bal es Kressnoscht, wie ih jedem Johr -

do fällt mir ich, wie ett froier mol wor.

Nodem äisch nämlich ih Hektik verfall,

wie emm mäisch remm och soss die Weiwer all.

Dott Kresskend es wonn schwer modern,

ka Schangs mi fier Hennsche un Zuckerstern.

Ett kinn och afach nur Geld ronner schmejse,

udder ä Smartfon unn enn toll Reise.

Froier goff ett ka Spiel wie dott „Wii-Wu",

do hat nur die Bopp ä nau Kladsche uh.

Unn deet dott brenge nur Äbbel und Niss,

hätt mer als Ellern hau naut als wie Stress.

Hat dott Kresskind auer domols wott gebroscht

da geng de ganz Familisch emm Metternoscht

ih de Kirch, ganz uhne Zank

unn soht fier alles seine Dank.

Hau giht der Heilischomend bes zirka neu,

och wenn die Kerze noch länger breu.

Da musse die Jonge ih de Kneipp zum erholle,

wusse nitt, wott se soss su dou solle.

Enn Haaf Spoil und Babäier es alles wott
bleibt,

unn die Ahle – die hunn itz zum Offraume
Zeit.

Fahrkarte ins Glück

Alina saß auf einem Hocker an der Bar dieses
eleganten Fahrgastschiffes. In Kürze sollte es
zur Hafenrundfahrt ablegen.

Vor einer Stunde erst war sie, an diesem letzten Tag des Jahres, in Hamburg angekommen. Nach dem Einchecken hatte es Alina gleich zu den berühmten Landungsbrücken hingezogen.

Das Wetter war grau und trüb, und die Wellen schlugen schwer an den Schiffsrumpf.

Gerade hatte sie an ihrem Weißwein genippt, als sich ein Mann auf einen Barhocker neben sie fallen ließ.

„Ist es nicht noch ein wenig früh für Alkohol?" Seine grünen Augen blitzten Alina an, und die markanten Mundwinkel entspannten sich zu einem verschmitzten Lächeln.

„Ich habe Urlaub."

Als ob das ein Argument für früh nachmittäglichen Alkoholgenuss wäre. Sofort ärgerte sich über ihre nicht vorhandene Schlagfertigkeit.

Er lachte. Sein Gesicht sah ein bisschen verwittert aus.

„Was treibt Dich bei dem Wetter raus?"

Im Gegensatz zu vorhin war Alina jetzt vorbereitet.

„Ich konnte mir das Wetter nicht passend dazu buchen."

Jetzt lachten beide. Zwischenzeitlich hatte der Barkeeper ihm ungefragt einen Becher Kaffee hingestellt: „Wie immer."

„Danke Tim." Er winkte in Richtung des Thekenmannes und sprang vom Hocker.

„Ich muss jetzt leider noch ein wenig arbeiten," meinte der sympathische Unbekannte mit gekonntem Hundeblick. „Wir sehen uns."

Mittlerweile hatte das Schiff Fahrt aufgenommen, als es aus dem Lautsprecher schnarrte: „Mein Name ist Luca, ich bin ihr Kapitän."

Ach herrje, die Stimme – diese warme, tiefe Stimme kam Alina sehr bekannt vor.

Es folgten einige Informationen und der Hinweis, dass auch die hübsche Dame am Tresen diese Fahrt besonders genießen solle.

Alina wurde rot, die Blicke der Mitfahrenden waren auf sie gerichtet.

Nein, so ein Schuft.

Als sie anlegten, verließ Alina das Schiff mit schnellen Schritten. Sie war sich nicht sicher, ob sie dieses Abenteuer eingehen wollte. Fast war sie am Ende der Gangway angelangt, als sie ihn dicht hinter sich spürte.

Mein Schiff fährt heute Abend um acht von Brücke 3– und ich werde nicht ohne Dich ablegen."

Sie wollte.

Die neue Tapete

Es ist mein Mann,

der alles kann.

Ja, irgendwann,

dann bist du dran.

Schon bist du dran,

nicht irgendwann.

Weil er es kann,

er ist mein Mann.

Nachgedacht

Warum ist in der heutigen Zeit ein Mensch mit anderer Meinung gleich ein Feind, anstatt einfach nur jemand mit anderer Meinung?
(NN)

Was wäre, wenn…?

Ja, was wäre denn eigentlich –

wenn keiner je das Rad erfunden hätte?

Dann würde es uns wahrscheinlich nicht geben.

Eine seit jeher überschaubare Menschenpopulation fristete auf einem gesunden Planeten Erde ein mühsames kurzes Leben.

Kein Uhrwerk ließe Zeiger in unaufhaltsamer Härte und atemberaubender Geschwindigkeit Runde um Runde vor sich hertreiben.

Kein Zug würde sausen, kein Auto die nicht vorhandenen Straßen entlang rasen, kein LKW schon verstopfte Rastplätze noch mehr verstopfen.

Keine Schubkarre würde schwere Lasten tragen.

Kein Zahnrad würde viele andere Rädchen zu stetigem Tun zwingen.

Der Erfinder des Rades wird schuld sein am Untergang der Menschheit.

Doch ich bin dankbar, dass ich leben darf, dass sich bisher durch das Rad Kulturen entfalten durften und weiterentwickeln konnten. Dass die Menschheit so unendlich viele großartige Dichter, Denker und Lenker hervorbrachte.

Schön, dass jemand das Rad erfunden hat.

Urlaubsbekanntschafte

Mir worn loh mol ih de Urlaub geflohe,

dott mache se jo scheins itz all.

Im Flischer du vum Hoh noh Malle

satz henner mer dä „Hennersch Kall".

Wott glabste, wer do henne stieht!

Äisch gugge noch unn glaw ett nitt.

Do hippt und wenkt um Kofferband

ih kurzer Box dett „Mannemer Gritt".

Noch ganz benomme im Hotel -

mir dou ett vu der Stroß vernomme -

ess itz och ganz offiziell

us Fussballclub hej uh gekomme.

unn aner sengt dett Donaulied,

äisch dreh mäisch emm ganz voller Scham,

do stisst minn Ma mäisch ih de Sejt:

„Wann forn mir eischentlisch werrer ham?"

Um Strand do krejt mer och ka Rou,

dott Wäller Platt hott us verrore.

su dott mir als um hällischte Daach

sai ih de Schreschlage gerore.

Dott Urlaubsfiiling wor baal rescht gout,

no acht Dah, Hui Wäller!, Brotwurscht und
Bejer.

Dott wirrerholle mir daham itz als

offem Hehnsche Parkplatz onnerns emm
Vejer.

Lebensmotto

„Der Weg ist das Ziel". Diese Worte werden
Konfuzius, dem chinesischen Philosophen des
antiken Chinas, in den Mund gelegt. Und es ist
mein Lebensmotto seit frühester Jugend. Doch
diese Weisheit ist nicht komplett. Denn er
sagte laut der Überlieferung: „Der Weg ist das
Ziel". Zu wissen, was man weiß, und zu
wissen, was man tut, das ist Wissen."

Ich war 17 Jahre alt, als meine Oma Rosa
ihren 80. Geburtstag feiern durfte. Ihre Worte

habe ich nie vergessen. Sie sagte völlig unvermittelt: "Ihr werdet euch wundern, wie schnell es geht." Damit meinte sie die Lebenszeit. Damals habe ich nicht über diesen Satz nachgedacht.

Der Weg ist das Ziel. War es nicht immer so? Ich bin meinen Lebensweg gegangen, mit einem vagen fernen Ziel vor Augen, was mich nie interessiert hat. Die Zukunft – so weit weg. Ich fand immer nur den Weg interessant. Das Hier und Jetzt. Das duftende Blümlein am Wegesrand ließ mich innehalten, die Bank an der Steigung ließ mich ausruhen und Kräfte sammeln. Und immer ging ich, wenig getrieben, stets nach rechts und links blickend, meinem Weg folgend. Sicher rannte ich auch so manches Wegstück. Manchmal nahm ich einen Umweg, weil etwas glitzerte abseits des Pfades. Einige Male habe ich mich verlaufen, oder bin total falsch abgebogen. Dann war es plötzlich gar nicht mehr mein Weg. Wenn ich es merkte, habe ich die Richtung korrigiert.

Als ich älter wurde und die Lebenserfahrung auch zu mir kam, hatte ich urplötzlich noch ganz andere Weisheiten auf Lager. Never change a winning team! Never touch a running system!

Und ganz explizit: Wer nichts weiß, muss alles glauben!

Das letztere verinnerlichte ich so stark, dass ich mir einen Haufen Wissen aneignete. Ich war regelrecht süchtig nach Wissen. Ich wurde neugierig, ich wurde politisch, ich wurde eine Kämpferin. Und brachte in der Zeit meine eigenen Weisheiten hervor. Irgendwann war die Phase vorbei, ich beruhigte mich, wurde sanft wie ein Lamm und beschritt erneut meinen Weg.

Mittlerweile befinde ich mich nun auch in meinem letzten Lebensviertel. Ich gebe meiner Oma Recht, die Zeit ist ein unfairer Gegner. Und wieder haben sich zwei Weisheiten in meinem Kopf festgesetzt. Von Peter Rosegger stammt das Zitat: "Arm ist nicht, wer wenig hat, arm ist derjenige, der viel braucht."

Und fortan auf meinem weiteren Weg begleitet mich folgendes Zitat eines unbekannten Philosophen: „Das Leben ist schön! Von einfach war nie die Rede."

Damit kann ich gut leben. Der Weg bleibt das Ziel.

Kurzkrimi

Marie verlässt die S-Bahn-Station über die graue, dreckige Betontreppe am Dom. Es stinkt nach Bier und Urin, was ihren Schritt ein wenig schneller werden lässt. Sie überquert die Hauptstraße und biegt in die Favoritengasse ein, ein gut bürgerliches Wohngebiet im Altstadtbereich.

Maries Gedanken kreisen um die letzten Stunden. Das alteingesessene Abendcafe`, übervoll und laut, und mittendrin Daniel. Gutaussehend, groß, dunkelhaarig, braune Dackelaugen, schönes Lachen – genau so, wie auf dem Foto beim Datingportal. Sollte dieses Mal wirklich alles anders sein als sonst?

Anna, Maries Busenfreundin, hatte sie beide vor einigen Wochen bei Yourflirt angemeldet. Mit Mordsspaß hatten sie sich neue Identitäten zusammengestrickt. Aufzüge eines ausgedachten Lebens.

Bis auf das Bild besteht ihr Profil nur aus Unwahrheiten, angefangen mit dem Namen: Charlotte. „Ziemlich dick aufgetragen, oder? So heißt doch kein Mensch". „Das machen doch alle so", meint Anna, und: „Es ist zu deinem eigenen Schutz." „Wenn Du dich mit einem Typen triffst, kannst du davon ausgehen, dass der lügt wie gedruckt: Aussehen, Beruf, Alter, Kilos, alles falsch. Du kannst froh sein, wenn das Foto im Portal echt ist. Aber egal, hey, wir wollen doch einfach ein paar schöne Abende haben. Lass es knistern."

Sie sollte Recht behalten. Die Typen, mit denen sich Marie in Folge verabredete, waren alt, verheiratet, unansehnlich, peinlich oder verwöhnte Muttersöhnchen.

Marie biegt in die schwach beleuchtete Nonnengasse ein, was ihren Schritt beschleunigt. In wenigen Minuten ist sie in ihrer Wohnung.

Daniel geht ihr nicht aus dem Kopf. Sie muss Anna gleich morgen früh anrufen, um ihr zu sagen, dass auch durchaus brauchbare Männer im Internet unterwegs sind.

Marie lächelt, als sie an die Worte der übervorsichtigen Anna denkt. „Trefft euch auf neutralem Boden. Geh bloß nicht zu einem Typen nach Hause. Gebe deine Adresse nicht weiter, und so fort."

Sie sieht ihn in Gedanken vor sich. Daniel sieht nicht nur gut aus, sondern er ist auch charmant, höflich, entgegenkommend, einfach nett. Marie ist heilfroh, dass sie sich doch gegen das Auftragen des sündhaft teuren, extra neu gekauften, karmesinroten Lippenstifts entschieden hat. Daniel macht nicht den Eindruck, als stehe er auf aufgetakelte Fregatten.

Sie lachen viel. Zumindest solange, bis es aus Marie, alias Charlotte, herausprudelt, wie angenehm überrascht sie von der Erscheinung und dem Wesen Daniels ist.

Daniel lehnt sich vor und ergreift ihre locker auf dem Tisch liegende Hand. „Nein,“ erwidert dieser der überraschten Marie, „ich habe gelogen. So wie auch Du, Charlotte.“ Alle lügen.“ Sein Gesicht verdüstert sich, sein Lächeln verschwindet. „Wollen wir noch woanders was trinken?“

Marie möchte, also bis vor einer Minute, hätte sie gewollt. Der plötzliche Stimmungsumschwung hat sie verunsichert. Ihr Hirn arbeitet fieberhaft an einer Lösung:

„Ach, Daniel, ich finde für heute ist es genug, es war ein schöner Abend, lass uns Schluss machen. Wir können uns ja bald wieder treffen - ich muss morgen auch früh raus." Ihr Gestammel ist ihr peinlich, sie läuft rot an – und ärgert sich über sich selbst. „Schade, sehr schade Charlotte. Dann gib mir bitte noch deine Telefonnummer, damit ich dich anrufen kann."

Marie zögert nur eine Sekunde. Schnell, zu schnell, kommt dann ihre Antwort: „Über Telefon kannst du mich kaum erreichen. Wir können uns doch über Chat verabreden, ja?" Marie lächelt Daniel an, doch dieser schaut finster auf sein leeres Glas hinab. „Wie du meinst." Er winkt dem Kellner. Marie sieht ihre Felle davonschwimmen. Verdammt, jetzt hat sie ihn bestimmt vergrault.

Die Rechnung übernimmt Daniel wie ein Kavalier der alten Schule und wünscht ihr, wieder freundlich, vor der Gaststätte eine Gute Nacht. Er lässt Marie wissen, dass er auf ein baldiges Wiedersehen hoffe. „Ja natürlich, sehr gerne." Erleichtert lässt sie sich von ihm drücken. Er küsst sie sachte auf beide Wangen. Glück gehabt.

Sie steht vor Ihrer Haustür, es dauert eine Weile, bis sie in ihrer großen Handtasche den Schlüssel gefunden hat.

In ihrem Kopf stapeln sich die Mosaiksteine der letzten Stunden.

Zügig erklimmt sie die vier Treppen bis zu ihrer Wohnung. Es riecht nach Bohnerwachs. Marie lächelt. Wie bei Oma, denkt sie.

Die Wohnungstür fällt mit einem lauten Plopp ins Schloss. Marie tastet nach dem Lichtschalter.

Just in dem Moment ertönt ein leises Pling. Ihr Smartphone kündigt eine Nachricht an.

„Hallo Marie, Du wohnst in einem wirklich schönen Jugendstilhaus, echt toll. Ich finde, du warst heute nicht besonders freundlich zu mir. Das wird sich sicherlich noch ändern. Schlaf gut und träum was Schönes"

Wieso…? Marie rutscht rücklings an der Wand hinunter. Hitzewellen durchfluten ihren Körper, Schweißtropfen bilden sich auf ihrer Stirn. Das Telefon gleitet aus zittrigen Händen zu Boden.

Daniel weiß ihren Namen und wo sie wohnt? Es martert in ihrem Kopf.

Sie springt auf und löscht instinktiv das Licht. Dann schleicht Marie zum Fenster, dass zur Straße liegt.

Dort steht Daniel, oder wie auch immer er heißt, und winkt zu ihr hinauf.

Der Albtraum beginnt.

E N D E

… oder schreibe Deine Fortsetzung …

Nachgedacht

Die wunderbare Fähigkeit, sich in Wort und Schrift ausdrücken zu können, ist im Grunde der einzig relevante Unterschied zwischen Mensch und Tier.

Peinlich berührt

„Aaahhh, unser fleißiger Hausmeister ist schon bei der Arbeit", zwitscherte Frau Fink und machte ihrem Namen alle Ehre. Wir hatten den Kopierraum betreten, nachdem sie mich schon durch zwei, noch menschenleere Büros geführt hatte. „Herr Simon", zwitscherte sie weiter, „darf ich Ihnen unsere neue Kollegin, die Frau Mahlow, vorstellen?" Dabei zeigte sie mit dem Finger auf mich. Der so Angesprochene stand auf einer altersschwachen Leiter und war an der Deckenlampe zugange. Vorsichtig drehte er sich in unsere Richtung, nickte kurz und begann den Abstieg, einen Tick zu langsam und schwerfällig wirkend. Hatte ich richtig gesehen? Das war doch nicht etwa Volker, obwohl, der Nachname stimmte? Ziemlich korpulent, mit einem Wust von grauen Haaren auf Kopf und im Gesicht? Der Mann mit dem Nachnamen Simon kam auf uns zu, wobei er sich noch schnell die rechte Hand am mausgrauen Hausmeisterkittel abwischte, um sie mir gleich darauf entgegenzustrecken. Den Blick zu Boden gerichtet, fast schüchtern, brummte er: "Herzlich Willkommen", und weiter „Mein Name ist Simon und ich bin hier der Hausmeister." Währenddessen lächelte Frau Fink noch immer und blickte abwechselnd zu ihm und mir, wie eine Handpuppe im Kasperltheater. Dieser hellblauen Augen. Kein Zweifel **er** war es. Erkannte Volker mich nicht, oder wollte er die Tatsache, dass ich vor ihm stand nicht wahrhaben? Seine dargebotene Hand fühlte sich warm an. „Vielen Dank." Meine Stimme zitterte leicht, was mich ärgerte. Unsere Hände trennten sich. Wir schauten uns in die Augen, ich konnte keine Unsicherheit darin erkennen. Und so sagte ich zu der pausenlos lächelnden Frau Fink gewandt: "Ich kenne ihn. Wir waren verheiratet." In diesem Moment fiel es Volker wie Schuppen von den Augen. Die Verblüffung stand ihm ins zugewachsene Gesicht geschrieben, doch zu einer Reaktion konnte er sich nicht entschließen. So folgte kurz ein betretendes Schweigen, selbst Frau Fink hatte, ob meiner Enthüllung, kurzzeitig die Contenance und ihr Lächeln verloren. Volker sah so sehr anders aus, aber auch ich hatte wohl in den vergangenen Jahrzehnten Federn gelassen. Während er weiter wie vom Blitz getroffen dastand, fing sich Frau Fink als erste: „Äh, ja, ah, tja, äh schön äh – Frau Mahlow, wir gehen dann mal weiter" und zu Volker gewandt, „Wir sehen uns später." Sie winkte ihm kurz zu, und ich grinste etwas frech den geschockten Ex an, bevor wir im endlosen Flur verschwanden.

„I am not amused"

oder

4 Tage im Leben einer Königin/The royal diary

So, oder so ähnlich, könnten die geheimen Gedanken einer Monarchin aussehen. Ähnlichkeiten mit lebenden oder verstorbenen Personen sind rein zufällig und auf gar keinen Fall beabsichtigt.

25. Juli 2019, 18.30 Uhr

Liebes Tagebuch,

es gibt Tage, da bleibt man besser im Bett. Also andere – ich nicht. Schlimmer Tag war das heute. Ich dachte eigentlich, dass die Halskettentussi meine Letzte im langen Reigen war oder zumindest, dass es nicht übler kommen könnte. Aber der Neue! Nein, der geht gar nicht! So ein Affe, ich kann mich nicht beruhigen. Dabei fing der Morgen eh schon echt schrecklich an. Doro hat das gelbe Kostüm bereitgehalten, und ich habe es, ohne zu überlegen, angezogen. Shit, großer Fehler. Bei der Hitze ist mir die Brühe bis sonst wohin gelaufen, als ich im Dockhouse dieses hässliche Monument enthüllt habe (P. hält sich ja für den weltgrößten Monumentenenthüller aller Zeiten, aber das bin ja wohl eindeutig ich!!!) Das Federgestrüpp auf meinem Kopf hat den Zustand nicht verhindert und erst recht nicht verbessert. Danach Lunch bei M. Selbstgekocht. Kreolisch. Oh my God, ein Glück, dass ich immer nur zwei Happen esse (also auswärts. Es geht doch nichts über Braten im allgemeinen und Rehbraten im Speziellen…). Nach Hause, puuuhhhh, kurz aufs Bett, dann blaues leichtes Kleid. Ich kann nicht mehr. Die Schuhe müssen unbedingt nochmal neu eingelaufen werden, meine Zehen brennen wie Feuer. Doro hat ein älteres identisches Paar aufgetrieben. Wer sagts denn.

5 o`clock tea mit dem Affen, loco citato. Ich mag ihn nicht.

Unten, draußen ist Lärm. Muss nachschauen.

Hab nachgeschaut.

H. fährt im Slalom mit dem Golfcart zwischen den Wachhäuschen herum. Vorm Zaun stehen Mädchentrauben, schreien sich die Seele aus dem Leib und werfen Unterwäsche und Teddybären in den Vorhof. Ach H., du wirst nie erwachsen.

Doro kommt, muss mich umkleiden zum Dinner.

Liebes Tagebuch, bin wieder kurz da. Morgen kommen CC aus Kanada zurück. Hoffentlich ist alles gut gegangen. Zuviel Bürgernähe kann ich nicht gutheißen. Zuviel Gin auch nicht. Manchmal fehlt es den beiden an Contenance. P. aber auch. Ich erinnere nur daran, als er den Ureinwohner fragte, ob sie sich immer noch mit Speeren bewerfen würden. Ach, wie lustig. Die haben geschaut, wie eine Kuh wenns donnert. Ich konnte mir das Lachen kaum verkneifen. Genau mein Humor. Etwas peinlich, aber sexy.

So, endlich Feierabend. Ab auf die Couch, IPod in die Ohren, Wham auf die Ohren, und Justine kann mir einen Rum mit Tee bringen, oder zwei, oder drei.

26. Juli 2019, 10.00 Uhr

Liebes Tagebuch,

es war ein armseliges Erwachen heute Morgen, am ersten Tag ohne Dudelsackmusik. Jahrzehntelang habe ich schon wach gelegen und die ersten geliebten Töne freudig herbeigesehnt. Alfred wird mir fehlen. Wo finde ich nur einen neuen, annähernd so guten Pfeifer wie ihn; primus omnium. Es ist fast genauso traurig, wie der Tag, an dem sie meine stolze Yacht verschrottet haben.

OOOOhhhhh, mein Genick schmerzt so sehr, weil ich die ungeheure Imperialkrone auf dem

Kopf balanciere. Ich muss jetzt immer länger üben, um dieses schwere Gerät einigermaßen unfallfrei und würdig zu präsentieren. Vielleicht sollte ich zukünftig das winzige Krönchen meiner Ururoma tragen. Die macht sicher keine Kopfschmerzen.

Ach ja, Couch war gestern doch nicht. Dafür habe ich mit Doro eine neue Zeichensprache eingeübt. Unsere Handtaschensprache ist ja leider enttarnt. Wir hatten viel Spaß und haben uns einige Dubonnet mit Gin gegönnt. Wenn ich recht überlege, kann auch dies der Grund meiner Kopfschmerzen sein. Ach was haben wir gelacht. Doro meinte, ich solle in Zukunft einfach ein rosa Taschentuch fallen lassen, damit sie weiß, dass sie mich aus einer Situation retten soll. Grundgütiger, das könnte womöglich ein Mann falsch verstehen. Unmöglich, nein wirklich, unmöglich (… oder ein Weißes, wenn mein Gegenüber nervt! Ach herrje, so viele Taschentücher gibt es auf der ganzen Welt nicht).

Wenn Doro mir gleich dieses Ungetüm abgenommen hat, werde ich mit den Hunden einen Spaziergang zu den Pferden machen. John hat bei Red Beauty eine Verletzung der linken Hinterhand bemerkt und mein Fohlen scheint immer mehr abzunehmen. Wie soll er heißen? Ich dachte da an Innocence?

Vielleicht geht P. mit. Frische Luft würde ihm guttun.

27. Juli 2019, 21.00 Uhr

Liebes Tagebuch,

in den Morgenstunden hatte sich die Sun zum Interview angekündigt. Zuvor erschien der Hofmaler, um die letzten Striche des neuen Porträts zu beenden. So pompös gekleidet, mit Krone und Mantel, empfing ich die Reporter der Sun. Das gab ein großes Hallo und Mrs Simmons meinte " Ma`am, Sie erscheinen mir heute ein wenig overstyled." Ach, was haben wir gelacht. Wir haben immer so viel Spaß zusammen. Ich mag sie gerne. Am Nachmittag fand unsere traditionelle Gartenparty statt. Wenn ich den guten Martin nicht hätte – seine Organisation ist einfach umwerfend. Er hat alle meine Schirmherrschaften im Kopf, und das sind immerhin über sechshundert. Nein wirklich, wenn ich den guten Martin nicht hätte… (von meinem 20°-Badewasser mal ganz abgesehen).

Es ist immer wieder ein herrliches Fest und ich möchte es nicht missen. Vielleicht sollten wir irgendwann das Protokoll dahingehend ändern, dass nicht ich jeweils das Wort an die Gäste richten muss. Es strengt mich sehr an und erschwert die Plauderei.

28. Juli 2019, 15.00 Uhr

Liebes Tagebuch,

heute Morgen hatte ich endlich Gelegenheit auszureiten, bevor ich beim Lunch des neuen

Premiers erscheinen musste. Oh, wie habe ich es genossen, also den Ausritt, sicher nicht das Lunch. P. war auch mit. Stunden kostbarer Freizeit, bevor ich wieder in die salonfähige Queen verwandelt wurde. Übrigens habe ich das Fohlen Innocence getauft, und Red Beauty befindet sich zum Glück auf dem Wege der Besserung.

Doro weiß, dass sie mir nur was Blaues rauslegen muss, damit ich wieder gute Laune bekomme, wenn ich daran denke, dass ich gleich zu IHM hinmuss.

21.30 Uhr

Selbstverständlich gab es auch wieder Champagner – wie ich ihn hasse. Ein Gläschen Gin wäre mir lieber… (Premier ist immer noch ein Affe, causa finita est)

Insgesamt war es aber gar nicht so grässlich, es waren noch andere, tolle Leute da.

By the way: Wenn P. mich noch einmal „Kohlkopf" nennt, bring ich ihn um (naja, vielleicht, ist eventuell eine zu harte Strafe). „Würstchen" finde ich schon schlimm genug, aber er sagt es halt liebevoll, was will ich machen. Ach Gott, ich habe in von der ersten Sekunde an geliebt. Wenn er mich je verlässt, werde ich sterben.

Vom Sinn des Lebens

„Och Manno", der kleine gelbe Apfel blickte sich missmutig um. Warum war er wohl so schlecht gelaunt? Es störte ihn, dass alle anderen Äpfel an diesem Baum viel stattlicher waren als er selbst. Sie waren dick und rund, rotbackig und glänzend. Der kleine Apfel war halt anders. Mickrig, gelb und obendrein noch wurmstichig. Da war es doch kein Wunder, wenn der kleine Apfel so schlecht gelaunt war. Stolz hingen die anderen im Geäst, sie waren so schön. Doch eines Tages kam da ein Traktor herangerumpelt, mit einem Wagen hintendran. Ehe die wunderschönen dicken Äpfel sich versahen, waren sie geerntet. „Oh" jammerten sie. Wir werden jetzt eingekocht, oder zu einem Apfelkuchen, oder uns wird sogar der Saft herausgepresst. „Oh je!" Sie heulten herzzerreißend, so dass es dem kleinen gelben Apfel fast ein wenig Leid tat. Der Bauer ließ ihn in Ruhe. „Der kann hängen bleiben", rief er den anderen Pflückern zu. Irgendwann war der Baum leer, keine Frucht mehr zu sehen weit und breit, bis auf unseren kleinen gelben Apfel. Der freute sich ganz arg, dass er weiterleben durfte. Es machte ihm gar nichts mehr aus, dass er so mickrig, gelb und wurmstichig war. Ja, er war sogar ziemlich schadenfroh. „So ihr eingebildeten schönen Äpfel, das habt ihr jetzt davon. Sterben müsst ihr und ich darf leben", dachte er bei sich. Er hing ein paar Tage so da rum an seinem Ast. Langweilig war es. So ganz allein. Und kalt war es auch. Piep, piep. Eine Amsel ließ sich neben ihm nieder. „Ach wie schön, sagte der kleine gelbe Apfel, „dass Du mir einen Besuch abstattest. Mir ist so langweilig." „Piep", antwortete die Amsel, „bald ist dir nicht mehr langweilig". „Nicht?" fragte der kleine gelbe Apfel ungläubig. „Warum, liebe Amsel, glaubst Du so etwas?" „Das kann ich dir genau sagen." Die Amsel hüpfte von einem Bein auf das andere. „Der Bauer hat dich für mich hier hängen lassen. Damit ich nicht Hunger leiden muss, wenn es bald Winter wird." „Das heißt", sagte der kleine gelbe Apfel, „dass ich auch sterben werde?" Ja, entgegnete die Amsel. Wir müssen alle sterben. Aber du hast nicht umsonst gelebt, so wie kein Lebewesen auf Erden umsonst lebt. Wir sind alle für etwas gut, unser aller Leben haben einen höheren Sinn. So ergab sich der kleine gelbe Apfel seinem Schicksal, welches unser aller Schicksal sein wird, früher oder später.

Buchkauf, die Erste

Anruf beim Buchhändler Gilles, ob sie dieses eine bestimmte Buch wohl vorrätig haben. Aber sicher doch, wo ich denn hindenke. Ich mache mich nachmittags auf den Weg. Immerhin acht Kilometer. Parkplatzsuche, Fußmarsch. Betreten des sehr leeren Ladens. Guten Morgen, ich hätte gerne dieses eine bestimmte Buch. Da hinten, unten. Ich versuche mein Glück und finde nur ein angekrabbeltes, unappetitliches Exemplar. Auf meine Nachfrage, ob es dieses eine bestimmte Buch auch noch in Originalverpackung gebe – nein, leider nicht. Man wolle es aber gerne bestellen. Das ist aber sehr nett. Wann darf ich damit rechnen, es in den Händen halten zu können, so meine demütige Frage. In wenigen Tagen, ist die Antwort. Mein Telefon ruhet so still wie der See. Ich rufe an, ob dieses eine bestimmte Buch denn nun wohl vorrätig sei. Aber sicher doch, ich möge vorbeikommen. Acht Kilometer, Parkplatzsuche, Fußmarsch, Betreten des noch immer leeren Ladens. Ich hätte dieses eine bestimmte Buch bestellt und möchte es nun abholen. Suche, blätter, blätter, dumm gucken.....Es ist nichts notiert. „Finde ich dieses eine bestimmte Buch an der gleichen Stelle wie letztens", so meine bescheidene Frage. Ja, dort müsse wohl noch ein Exemplar zu finden sein. Ja, ich sehe das mir bekannte schon von weitem. Nein, danke. Im Auto packe ich mein Smartphone aus, tippe dieses eine bestimmte Buch bei Amazon ein und bekomme es zwei Tage später an die Haustür gebracht. Gestern hörte ich, Buchhändler Gilles ist pleite. Mir piepegal.

Buchkauf, die Zweite

Zugegeben, ich bin das, was man allgemeinhin als Leseratte bezeichnet. Nachschub muss immer sein, sonst werde ich krank. Aber wo findet man denn gute Bücher? Also nicht so ein Herzschmerz-Gedöns, nichts mit Ärzten, Vampiren, nichts Regionales, und nichts mit

Regenbogen, und Transgender und auch nichts mit Grafen. Bei der Buchmesse? Wo alle vorbeirennen an den guten Büchern, hin zu den Biographien von Thommy Gottschield oder Boris Metzger, die wahrscheinlich haben schreiben lassen. Was ist mit der jeweils aktuellen Bestsellerliste? Nun ja. Siehe oben. Glücklicherweise habe ich zwei Monatsmagazine abonniert, das eine ein Geschichtliches, das andere ein modernes Wirtschafts-, Politik- und Sozialjournal. Und in beiden Magazinen gibt es zu den jeweiligen Themen auch Buchvorschläge zum Vertiefen. Diese Bücher schaffen es in keine einzige Hitliste, obwohl sie gelesen werden sollten. Das ist meine Meinung. Ich habe übrigens auch wieder eine Lieblingsbuchhandlung. Und neuerdings ertappe ich mich immer mehr beim Schmökern in diversen Buch-Telefonzellen (leider auch viel Herzschmerz und Royales). Das ein oder andere Exemplar suche ich mit Vorliebe in verstaubten Antiquariaten. Hat von Ihnen schon einmal jemand etwas von der

Tudor-Triologie gehört? Geschrieben von der wunderbaren, leider kürzlich verstorbenen Autorin Hilary Mantel. Oder möchten Sie wissen, was passieren kann, wenn Russland, China und Amerika sich so gar nicht mehr mögen. Dann empfehle ich „Never" von Ken Follett. Das wiederum hat mir mein Journal empfohlen.

Mein Lieblingsbuch? Bis zum heutigen Tag ist es „Der dritte Zwilling" von Ken Follett. Aber das muss ja nicht so bleiben. Alles fließt.

Ich kann Ihnen auch meinen Lieblingssong verraten: „Music" von John Miles. Das kann keiner mehr toppen, denke ich.

Überraschung! Fortsetzung Kurzkrimi

Wochen später. Der Mann, der sich Daniel nennt, taucht immer wieder vor dem Haus auf. Angerufen oder gemailt hat er nie wieder. Wenn Marie zur Arbeit geht, ist er ihr auf den Fersen. Anna schläft bei ihr. Marie hält es alleine in ihrer Wohnung nicht aus. Angeschrien durchs offene Fenster hat sie ihn, als er wieder einmal von unten nach oben winkte und lächelte, als sei das alles ganz normal. Genutzt hat es nichts. Anna war mit ihr bei der Polizei, Anzeige wollten sie erstatten. Da sie aber keine Personalien des Stalkers angeben konnten, waren den Polizisten die Hände gebunden. Sie könnten nichts machen. Anna verlor die Fassung: „Muss denn erst was passieren? Der Mensch macht meiner Freundin das Leben zur Hölle!" Schulterzucken. „Es tut uns wirklich leid." Marie nimmt ab, sie isst nicht mehr richtig. Die Augen liegen tief in ihren Höhlen, sie schläft auch nicht gut. Ihr Leben ist ein einziges Chaos. Da ist er wieder. Er lehnt an

einem Baum, auf der anderen Straßenseite.
Marie ist in der Küche zugange. Anna müsste
jeden Augenblick Zuhause sein. Soll ich auf
sie warten, fragt sich Marie.

Nein, ich stelle ihn jetzt und sofort zur Rede.
Ich gehe hinunter und frage, was das soll. Er
soll abhauen, dorthin gehen, wo der Pfeffer
wächst.

Entschlossen reißt sie ihre Wohnungstür auf
und läuft die vier Treppen hinunter. Das
Treppenhaus riecht noch immer nach
Bohnerwachs, aber es fällt Marie nicht mehr
auf.

Sie rennt über die Straße, die Autos hupen,
fahren kreuz und quer, Marie interessiert es
nicht. Daniel grinst nicht. Er sieht eine Furie
auf sich zukommen, halb Mensch, halb Teufel.
Als Marie ihm das Brotmesser in den langen,
schlanken Leib rammt, einmal, zweimal,
immer wieder, fällt er in sich zusammen.
Marie ist rasend, das Messer fährt schließlich
ziellos durch die Luft, sie schreit wie ein

waidwundes Tier. Beherzte Passanten
entreißen ihr die Waffe.
Daniel sagt nichts. Er stirbt in dem Moment,
als sich um Maries Handgelenke die
Handschellen schließen.

Von Heike Heinz-Wittenberg sind bisher folgende
Publikationen bei BoD.de erschienen:

- RezeptSchätze – Backen und Kochen ohne
Brimborium (2019)
ISBN 9 783734 730221

- Der Mensch und seine Katze –
Tierpsychologisches Dossier (2020)
ISBN 9 783750 452473

- Das Vorlesebüchlein für süße Träume bis zum
Morgen (2020)
ISBN 9 783751 937207

-Das neue Vorlese- und Malbuch (2021)
 ISBN 9 783 753 490 182